AF451337

ALTAR
DE NADIE

ANTOLOGÍA PERSONAL (2011-2021) Félix Anesio

Félix Anesio

ALTAR DE NADIE

ANTOLOGÍA PERSONAL (2011-2021)

OXEDA

Primera edición, mayo de 2022

© *Altar de nadie. Antología personal (2011-2021)*
Félix Anesio (Hermes Díaz Trujillo)

EDITORIAL OXEDA S.A.S. DE C.V.
Vicente Guerrero No 21, Poxtla,
Ayapango, Estado de México, MX
Teléfono: +52 5540586552
oxedacontacto@gmail.com
www.oxeda.com.mx

ISBN-13: 978-607-99638-1-1

Hecho en México
Bajo el modelo de Impresión bajo demanda (POD)

@ Editor literario: Antonio Ojeda

Imagen de portada: "Dama sentada a orillas del mar, 1891" (detalle) de Guillermo
Collazo (Santiago de Cuba, Cuba, 1850 - Francia, 1896)

@ Fotografía del autor: Ulises Regueiro

1. Poesía cubana 2. Poesía latinoamericana

A manera de prólogo....

Con el paso del tiempo uno aprende a conocerse y autodefinirse. No es una tarea sencilla, sobre todo si no se quiere perder la objetividad del juicio. Creo que existen tres signos que marcan esta idea: lo creado, lo humano y la vehemencia. Las cosas que he hecho en mi vida, que van desde el estudio del piano a la ingeniería y la literatura, dan fe del elemento creativo que se manifiesta cuando las condiciones son propicias. Múltiples vocaciones me han signado y ojalá afloren otras y sus fuentes no se agoten.

"Nada humano me es ajeno", dijo Terencio. Todo lo que observo me conmueve, me interesa, me motiva, incluso cuando a veces ello puede traerme alguna dificultad para darle algún sentido a las cosas. No puedo ser un espectador pasivo, en particular cuando se trata de la falta de justicia para con mis semejantes, del daño a la dignidad de la persona y la violación de sus derechos. La vehemencia será, pienso, el signo más notable.

Mis familiares y amigos pueden dar fe de lo que digo, incluso los amigos más recientes. Creo que basta conversar un rato, o leer algo de una persona -como es y ha sido el caso de estos versos- para darse cuenta de los rasgos esenciales.

---

[1] Nota del autor con base en el corpus de la entrevista a Félix Anesio por la poeta cubana Lilliam Moro (Premio Pilar Fernández Labrador) a propósito del poemario *Los cuervos y la infamia*.

Algo que quiero destacar es mi profunda devoción por el valor humano de la amistad, amigos; algunos me han de acompañar durante toda la vida. Como el buen perfume, es mi deseo perdurar, no ser ave de paso, sino hacer nido para quedarme en otros, aunque la estación exija migrar a otros lugares, incluso del tiempo.

En realidad, nunca he sido bueno decidiendo cosas; de hecho, nunca decidí ser ingeniero, o emigrar a otro país, o incluso tener dos hijos, por ejemplo. Esas cosas se dieron; han sido producto de ese azar maravilloso que llamamos vida. La literatura tocó a mis puertas ya en la adultez y fueron las circunstancias de tener que emigrar las que propiciaron mis primeros escritos, algunos en Cuba y luego en los Estados Unidos.

La ingeniería ocupó casi todo mi tiempo y esfuerzos durante más de 25 años. Grandes proyectos civiles e hidráulicos fueron ejecutados durante ese tiempo y hoy siguen siendo mi orgullo, para el beneficio de mis coterráneos en la provincia de Guantánamo, de donde soy. Pero hubo que establecer prioridades —como nos sugiere Maslow. Y el hacer las cosas bien, profesionalmente hablando, se robó gran parte de mi tiempo, aunque siempre hubo un espacio para la lectura. De hecho, declaro en uno de mis textos, que "soy lo que he leído".

La lectura siempre estuvo presente en mi vida desde muy niño cuando devoré los 20 tomos de El tesoro de la juventud y tantos libros de Salgari, Verne, Amicis, Martí y otros. Y ya se sabe que cuando has leído mucho terminas escribiendo. Esa experiencia la relato en "Memorias de un lector", uno de mis cuentos del libro *Crónicas aldeanas* (2011). Hubiera quedado incompleto sin la poesía y la literatura en general; no hubiera podido concebir mi vida sin ellas. La poesía ha dado a mi vida un nuevo sentido de plenitud, la indispensable convergencia.

Las altas horas de la noche son mi refugio (eso lo confieso en algún poema) y las musas rondan solícitas a esas horas. No hay día que no escriba o reescriba algo. Una de mis máximas favoritas es de Horacio: *Carpe diem.*

Veo al mundo como un retablo convulso en el que transcurre nuestra vida con todos sus riesgos y oportunidades, donde hay que darlo todo hasta la caída del telón. Si bien, a veces le hago un guiño a ese personaje travieso que es Mafalda cuando nos dice: "¡Paren el mundo, que me quiero bajar!". No obstante, no creo en visiones apocalípticas de este, nuestro mundo.

Aun así, sería fallida mi poesía si la enfocara desde la felicidad; creo que la angustia es un catalizador indispensable para mis versos. Un elemento que aflora y trato de manejar, digamos, al estilo de un cineasta muy admirado (Igmar Bergman). La angustia existencial es una de mis grandes obsesiones, pero no la angustia por el simple paso del tiempo y la decadencia física, sino por las experiencias que de ella emanan.

Si bien para un poeta el pasado es un tiempo elemental, desde el punto de vista de las vivencias y experiencias acumuladas, es cierto que creo que, lógicamente, el presente es lo que tenemos. Tal vez por eso soy una persona de fe, pero mejor vista como una convicción, un altar que termina sin dueño cuando todo vuela y las alas de aquella ave llegan a los ojos de alguien más; un *Altar de nadie*[2].

Félix Anesio

---

[2] Esta antología personal recopila 10 años de escritura. Con poemas aparecidos en los libros *La cosecha* (Entre Líneas, EE.UU. 2013), *El ojo de la gaviota* (Betania y Entre Líneas, España 2016), *Los cuervos y la infamia*, (Betania y Entre Líneas 2018) y *País sin moscas y otros poemas* (Primigenios, EE. UU. 2020).

¿La poesía? Un caracol nocturno en un rectángulo de agua.
José Lezama Lima
Poeta y narrador cubano

I. SURMENAGE

«*Permeado de lecturas sólidas e infinitas, Anesio corresponde al tipo de creador que no deja su literatura en la literatura sino que, asimilado todo, se coloca en las filas individuales de una ficción particular. Es pues un verdadero despertar del "surmenage" acercarse a la obra de este escritor.*»

Lina de Feria, poeta, narradora y ensayista cubana.
Premio Nacional de Literatura.

Todo es efímero
banal, pérdida, ausencia.
El hombre nunca será flor radiante,
nunca cielo, nunca estrella.

Quizás no seamos ni siquiera eso:
la indispensable gota de rocío,
esa que escapa furtiva
tras el primer rayo de sol enamorado.

¿En qué esquina el niño pálido y rubio, está llorando?

M. Alabau

Nueve lunas de su tiempo expiran
y la criatura debe renunciar ahora
a la húmeda calidez de la penumbra
de su cofre de cinabrio y terciopelo.

Desterrada del paraíso por la fuerza,
vulnerada su inocencia,
ha de cruzar errante
el vasto desierto
donde hiere la luz
entre los cuervos de la infamia.

¡Oh, tábula rasa, que has de consumirte
como un cirio en el altar de nadie!

LLANEZA

No sé quién soy
ni a qué he venido.

No creo que haya
un solo hombre
que sepa de qué hablo.

En caso contrario
ofrezco disculpas.

No ha sido mi intención
importunarlos.

FINAL DE AÑO

Uno sobrevive a tantas cosas:
las pesadillas nocturnas
los dolores de huesos
la ostentación de algún vecino
de saco y corbata.

Al pago puntual de la renta y el seguro
a la ausencia por muerte (en lejanía)
de los padres;
a las tres comidas diarias
—que agradeces—
al trabajo de noria,
la lluvia,
las calendas.

Más arduo aún es sobrevivir
a las cosas más sencillas:
como una flor silvestre que brota
al pie de la muralla
y al vuelo circular de gaviotas mientras yaces
tendido sobre la arena.

Al ronroneo del gato
—esa extrañeza que nadie comprende—,
al olor de la vulva de una mujer que te acaricia
después de la cena por ella misma preparada
hasta el mínimo detalle de una flor sobre la mesa.

Todas esas cosas te matan, pero a la vez te resucitan...
Aunque todo ello presupone que has vivido en abundancia
en este otro año que se va, con sus penas y glorias
viendo crecer a tus hijos
y a los hijos de tus hijos.
                    (Amén).

Y sabes que ya es mucho haber sido partícipe
de esa magia inmerecida que hoy declaras.

Y lo que es peor aún, haber sobrevivido
                              a la crueldad de estos
versos.

El refugio de la noche es pródigo en sucesos.

Bajo la luz de una lámpara se agrupan
los medicamentos y numerosas cuentas.

Una cortina roja, unos libros y un reloj
como salidos de una película de Bergman
son la escenografía de un viaje,
de un laberinto sin regreso.

En las altas horas de la noche se escribe el verso.

Farewell

Si he de partir
dejando en unos la impresión de estar loco.

Si he de partir
dejando en otros la impresión de estar cuerdo.

Y esperar como un eterno adolescente
la justificación a este acto de mi vida
dejando atrás ingentes memorias y recuerdos.

Y mientras tanto, Dios se ausenta y quedo sumido
en el lacerante horror del desamparo.

Qué más da, si mi destino no es otro que partir.

Guantánamo, Cuba, septiembre 2000.
Publicado en EE. UU en 2011

EL GATO

...un animal también puede contar su historia.
J.C. VALLS

No es una buhardilla
ni está en el París romántico
tampoco la habita un poeta
de una generación perdida
pudiéramos decir.

es un sencillo estudio
—poblado de libros y tapices
espejos, cerámicas y pinturas—
en el suroeste de Miami
ciudad hostil al arte
feudo de venales mercaderes
que no redime a esos
seres diferentes, los poetas.

una empinada escalera, recia y rústica
—en el mismo centro de la pieza—
conduce hacia la alcoba, flanqueada
por una soberbia estatua de San Lázaro
aposento alto donde se fraguan los sueños
manantiales de donde emana, gracioso
algún que otro verso trascendente.

en el suroeste de Miami se gesta

algunas noches —*inmortal y pobre*—
la poesía, mientras se pasea
(como en una aparición)
majestuoso y confiado, un gato
que se deja acariciar y que nos mira
a sabiendas de que es parte del enigma.

El pez abisal

Vive confinado en las profundas aguas de la noche abisal.

Se mueve majestuoso en el agua
y nos muestra toda su fealdad de espanto
bajo el reflejo de su propia luz iridiscente.

Admirable criatura el pez abisal:
símbolo de todo lo que no podemos comprender.

Malabares

Camino al filo de la sombra
haciendo malabares
para beber el agua de la noche.

Saciada mi sed
cargado de palabras
regreso en la mañana luminosa.

Al filo de la medianoche
sobre la baranda de un puente
ves pasar los trenes del verano.

Como en un célebre poema de Pavese
temes enfrentar tu propia muerte/
ante el espejo de tus ojos.

Han pasado ya todos los trenes
de la noche y aún no te lanzas al vacío.

Tanta es tu cobardía, ¡tanta!

II. QUIÉNES SOMOS

«Interesado en exaltar comportamientos humanos complejos y difíciles de explicar, su poesía parece indagar constantemente en quiénes somos y quiénes queremos ser, a la vez que nos permite una evaluación constante de nuestros deseos y angustias, de nuestros miedos y paradigmas, es decir, toda esa amplia gama de constantes que producen las emociones que Félix Anesio expone como ejemplificación de la relación del hombre con su contexto».

Arístides Vega Chapú, poeta y narrador cubano.

SIEMPRE EL MAR

¿Qué puede el sol en un pueblo tan triste?
LA ISLA EN PESO. VIRGILIO PIÑERA, 1942

Dejar atrás los libros de toda una vida,
las fotos y poemas en el cajón apolillado,
los recuerdos más gratos, los más duros;
el beso último y desconsolado de la madre,
la lágrima de un padre que aún desconocía el llanto.

Todas las cosas lo abandonaban de golpe:
las amables puertas del vecindario que tantas veces abriera,
como si fueran propias, con la feliz insolencia de los niños;
las esquinas del amor, el canto del pájaro enjaulado,
los maestros que nunca más volvería a escuchar,
la sopa de la abuela en las tardes más frías.

Habiéndose forjado un mítico universo,
hoy renunciaba a todo en busca de otra tierra
donde inventarse sueños;
y el mar, *el siempre mar*,
sería el único camino nunca antes transitado.

OTRA VEZ NARCISO

Así el espejo averiguó callado…
J. LEZAMA LIMA

Ni aún la timidez adolescente,
ni el mítico pudor, impiden admirar
tu propia hermosura ante el espejo.

De frente, de perfil, de frente,
de frente, de perfil, de frente;
otra vez, tu dolor y tu delirio.

Mas ese rostro amable del reflejo
se irá desdibujando con el tiempo:
eso lo sabes, y a eso le temes como
al destino mismo, del cual nadie escapa.

¿Por qué no has de amarte entonces,
impúdicamente, en el instante
eterno de la luz, que se derrama
sensual sobre tu cuerpo en flor?

Nadie más, Narciso, amará esa
imagen como tú.

Aunque no has de saberlo
hasta el día en que se quiebre,
en pedazos, tu ser.

a Chely Lima

Gaudeamus igitur... *

¿Por qué no regocijarnos y cantar las mieses
de la cosecha que hemos sido inexorablemente?

¿Por qué no sentir orgullo, quién lo impide?
¿Por qué víctimas y no hacedores
de nuestras propias vidas soberanas?

Porque a pesar de los pesares —en *la Isla*—
nos hicimos más fuertes, estoicos, entremuros
sobrevivientes hermosos de una gesta impropia.

No hay generación que no lamente
de algún modo, no haber hecho más
de lo que pudo.

Habiendo, pues, lanzado al fuego la cizaña:
¿Por qué no celebrar la cosecha desde el canto?

Gaudeamus igitur (Alegrémonos pues) *
Antiguo himno universitario

LIFE (1961)

Ernesto sonriente bebiendo un daiquirí.
Ernesto vestido de niña en una foto antigua.
Ernesto, cazador de espléndidos antílopes
al pie de las nieves perpetuas del Kilimanjaro.

Ernesto, el de la fiesta brava ensangrentada.
El guerrillero enamorado en la Sierra de Guadarrama.
El que cultivara, en París, una mítica rosa judía.
El viejo pescador invencible del *Gulf Stream*.

Ernesto, barbado y de titánica apariencia
admirador apasionado de toreros y estrellas
de tantas exóticas criaturas que hoy adornan
las paredes de su casa cubana, La Vigía.

¿Pudo *La Academia* percibir su peculiar naturaleza
imaginar su tiempo como el de un gigantesco iceberg:
                    a la deriva siempre/
                            hacia otros mares siempre/
                                    rumbo a la nada siempre?

Su corazón atravesado por la espada de un pez
                (esa imagen no está en página alguna)
palpita grave en mis oídos, cada vez que doblan
las campanas de la Iglesia Mayor de mi ciudad
mientras hojeo una revista, en mi terraza, a solas.

La canción del punto

Es un mínimo signo ortográfico.
Todo un enigma, un arcano
que en sus pretensiones alegóricas
pretende ser un rutilante *Aleph*,
pero no lo consigue.

Es solo un punto decadente y lánguido
—como nunca lo fuera Marcel Proust—.
Es, quizá, una leve pista que intente
resolver los aterciopelados entreveros
de un filme de David Lynch
visto ayer tarde en compañía
de una vieja amistad que se deshace.

No será entonces una diatriba final;
tampoco el cierre de crónicas pasadas.

Es sólo un unánime punto, solitario y falaz.

Aunque bien podría ser
—redimiéndose a sí mismo—
parte de una exclamación
al estilo expresivo de Cioran
y entonces significarlo todo:
inicio
                    sucesión
                                        y fin
de nuestra vida.

La felicidad, impredecible
como estampida de corceles,
suele ocurrir a cualquier hora
del día o de la noche, así como así,
sin previo aviso, ni lógicas razones.

No la evadas nunca.

Destellos

He vuelto a ver los ojos de mi padre.

He visto una gaviota suspendida en el viento
etérea, ingrávida, como un sortilegio alado
sobre el mar donde jugamos, mi niño y yo
como nobles hijos de la espuma y el salitre.

He vuelto a ver los ojos de mi padre.

La gaviota gira en círculos concéntricos
en derredor nuestro, como si fuéramos el Sol
como si fuéramos la felicidad.

Mi padre me ha visto con sus ojos de tiempo
en ese efímero instante dorado de la playa;
instante de salitre y espuma, ola tras ola,
                                    inmaculado.

La gaviota me mira fijamente y piensa
                    (si es que acaso las gaviotas
piensan):

El hombre es feliz en la leve eternidad del instante.

He visto un destello de emoción en su pupila gualda.
Y antes que se marche hacia otro sitio, me pregunto:

¿Por qué me miras así
                            ánima-gaviota

con los ojos tristes de mi padre?

A Dylan Thomas, mi nieto menor

April is the cruelest month...
T.S. Elliot

Lluviecita ligera
aguacerito vano
llovizna más bien
agua pequeña.

Pretexto para recordar
que afuera, en mi ventana,
ya es primavera.

A la actriz cubana Teresa María.

PAÍS SIN MOSCAS

> *Vosotras, amigas viejas,*
> *Me evocáis todas las cosas.*
> ANTONIO MACHADO

Enjambres de avispas y cucarachas,
moscas y hormigas bravas,
perros y gatos decrépitos putrefactos.

Basura sobre basura, pestilencia/
dulceamarga y rancia pestilencia.

Montones sobre montones de escombros/
vaho sobre el vaho del recuerdo.

Esparcidos restos recubiertos por doquier
en la memoria del solar yermo de la esquina:
mi paraíso de la infancia colmado de alimañas.

Madre, ¿quién habría de querer a una mosca?
Ay, hijo, no preguntes; son criaturas de Dios,
y todo lo que Él ha creado tiene un firme propósito.

Ha pasado el tiempo/
                    Y mi madre ha muerto.

Hoy vivo en un país sin moscas.

IN PARADISIUM

A Arístides Vega Chapú

Una tarde de asueto en pos de la terrenal belleza
de un espléndido paraje enclavado entre la Selva y el Mar.

Dos poetas que se allegan como niños inquietos que han
de disentir sobre lo sacro y lo profano tersamente.

Uno prefiere, vanidoso, el Palacio; el otro, humilde, el Mar.
Ambos se pierden en el viviente jardín de las palabras...

El silencioso lente de la cámara,
                como el Ojo de Dios,
                            atestigua el hecho.

Palacio de Vizcaya, Miami.
Octubre 2015

III. TRANSFORMACIÓN

«La poesía de Anesio responde a una poética de la transformación. Relativizar hechos de la historia o sucesos con algún carácter histórico, cuestionarlos, es como una deconstrucción en el sentido que Jacques Derrida otorga a esas verdades últimas, cuyas estructuras hemos dado por descontado, algunas desde hace siglos, y merecen nuevas lecturas e interpretaciones».

Osmán Avilés, poeta y ensayista cubano.

El delicado tiempo nos modela.

J. L. Borges

He sido a la vez mil hombres
y ninguno.
He agotado las azules calles de mi pueblo.
He buscado el amor en alguna esquina oscura
como todos.
He mostrado de mí las mil facetas
todas falsas.
Pero nunca he sido más aleve y libre y propio
que al escribir estos versos
dardos que se clavan
contra el pecho acechante de la Muerte.
Versos que son el fiel de mi balanza
punto de equilibrio
convergencia.

A UN POETA MALDITO

El poeta es un fingidor

F. PESSOA

Porque vives oculto
detrás del clavel en la solapa
y mueres de toda la ternura/
enfermedad fatal de los poetas.
        ¡Pobre!
De ese resonar en vidas ajenas.
        ¡Siempre!
Y qué no sabes ya que hacer con tanta
vileza tras el rostro afable y las ojeras
de esa oscura noche que es tu vida, poco
compartida fraternalmente con los otros.
        ¡Silencio!
Que nadie sepa nunca de tus infiernos
de tus banales vicios, tu falsía y tu
propia esclavitud de noria todo el tiempo.
        ¡Y tanto!
Que no esperas sino acabar con todo,
así de cuajo, hasta que descansen
al fin tus huesos, después un mísero final
que apuras para escaparte de ti mismo/
manido ardid de toda tu flaqueza.

Que ya no sabes dialogar contigo mismo,
como en los buenos tiempos
        ¡Sin retorno!
Que ya no sabes ni quién eres
si acaso sabe alguien quién has sido.

¡Mutis!

Qué no visite nadie el camposanto
pues no ameritan flores los cobardes
los que no alcanzan siquiera
su propia definición
aunque sea triste,
aunque sea vana,
sin ir más lejos.

No ha de perderse en mí
todo el sabor del vino.

No ha de perderse en mí
todo el aroma del sexo,
ni el color de las flores,
ni la gracia del canto.

Yacen, aún latentes,
bajo la hojarasca,
como las setas de otoño.

PARÁBOLA DE LOS TOMATES ROJOS

Con su impecable color
parecen estar siempre al otro lado de la vida
inalcanzables,
                    suculentos
                            voluptuosos
                                    y confiados
de una radiante belleza que no otorga nada a cambio.

Toman de la tierra su esencia, como los hijos,
exigiendo que alguien los cultive día y noche con desvelo.

Toda vez que hemos perdido el huerto
solo nos queda evocar su belleza.

Un hombre estoico como tantos de su pueblo.
Un padre de familia que sobre una silla se derrumba.
Los hijos parten inquietos en busca de horizontes.
En ese instante, parece que su vida pierde sentido.
Y siente el sabor de la primera lágrima
que quizás sea la última.

INSENSATEZ

No me gusta la nieve, *ni en mis sueños la sueño;*
la nieve es para mí, sencillamente, un imposible.

RARA AVIS

*¿Por qué no morí yo en la matriz,
o expiré al salir del vientre?*
JOB 3:11

Se retira la bestia cansada del escarnio del día:
los escupitajos de los proxenetas,
las carcajadas de las prostitutas,
la crueldad gratuita de los niños,
el sonido de las monedas del avaro.

Hiere ver su descomunal cabeza apoyada en las rodillas,
como una caracola varada muy lejos del mar
yaciendo en el establo, junto a los hermanos animales
de feria e infortunio
tratando de dormir.

Entonces un día
                    es descubierto por la Ciencia
como si se tratara de una nueva isla que agregar
                              al vasto Mapa del Imperio.

Los sabios doctores contemplan totalmente desnudas
                                        sus jorobas,
toda su anatomía; su genitalia de hombre-bestia expuesta,
                                        impúdicamente,
bajo las frías luces que recuerdan la *Lección de Anatomía*
de Rembrandt.

¿Qué nuevo dolor habrá lacerado tu alma, Joseph Merrick?

Dictaminan por consenso
                    que no ha de vivir largamente

que tiene el derecho de acicalar sus greñas
asear la piel que emana pestilencias
cepillar los escasos dientes carcomidos
y contemplar su propia fealdad ante el espejo.

Rara avis que ha de adquirir modales por decreto
y que aún tendrá el privilegio de disfrutar del *Arte*
                        que no salva.

Mas una noche definitiva,
                    hastiado de todo
                            hastiado de los hombres
                        hastiado de sí mismo
se reafirma como un ser libre en su albedrío
                        dueño de su propia vida
                        de su propia suerte.

Retira los mullidos cojines de su cama de hospital
para yacer como cualquier otra persona
                            desnudo y sin
afeites
sin concederle
ni a los dioses
ni a los hombres
ni a los astros
una jornada más de su existencia.

Sueña con los ojos lúcidos y tiernos de una mujer
que lo arrulla bajo la fronda de un árbol gigantesco
mientras gira, vertiginosamente, una manada de elefantes.

Y en ese instante único, liberado y feliz,
por primera vez sonríe.

LOS PERROS Y LA LUNA

Los techos herrumbrosos
los clavos puras piedras
las piedras puras almas
penando.

La ciudad se deshace en mil pedazos.

El mármol se ha quebrado por el llanto
de los huesos tristes, sin flores
ni epitafio.

No hay olor a leche quemada en el fogón
ni almendras que cascar con una piedra
y no se escucha la voz del pájaro cautivo.

La ciudad se deshace en mil pedazos.

Quizás se haya salvado el firmamento
donde suelen cruzar miles de estrellas
como las que una noche inmemorial
guardara.

Hoy bebo una taza de café amargo
en un lugar ajeno que se llama exilio.
Y mi corazón palpita fuertemente
mientras los perros aúllan a la luna.

MATEO 1:23-25

La húmeda fragancia
de la vulva,
en sazón de recibir
el hálito divino
o la humana simiente,
preconiza la esperanza gozosa
de la epifanía del *Verbo*.

A Tony, Ernesto y Hermes, cuando eran niños

Un hombre en una esquina del mundo
permanece en silencio.

Otro hombre, más vehemente,
no para de hablar.

Un tercer hombre no ha querido ser
como ninguno de sus dos hermanos:
Elige, como tributo, *plantar signos* para celebrar la vida.

IV. REVELACIONES

«La voz de Félix Anesio, plena de una vena indagatoria, camina entre la perplejidad y la revelación. De tal dicotomía surge su autenticidad, porque su construcción nos acerca a un sugestivo caudal de imágenes, donde lenguaje y vida crean una tensa emoción que estiliza la escritura».

Jorge de Arco, poeta español
(De la Asociación Española de Críticos Literarios. AECL)

Cada día muere
          con su propia gesta
                    encima.

LOS SEMINARISTAS

A Osmán Avilés

Marchan por la Calle Obispo
bajo el látigo inclemente del verano.

Tras las raídas sotanas se vislumbra
el sexo de los hombres
que deben consagrarse al pudor, la castidad y la doctrina.

Las rústicas sandalias rozan los adoquines.
Como una impúdica plegaria se eleva el olor
de las axilas en el aire
envolviendo las aceras y las plazas.

Un jovencito imberbe y una niña los observan;
una beata, tras su velo, hace una extraña mueca
                                    y se persigna
mientras el dulce canto gregoriano hechiza a cada
                                    transeúnte.

Todos detienen su juego, su ocio o su quehacer
                              para verlos pasar.

De dos en dos, los seminaristas, se pierden por la Calle
                                    Obispo.
Tuercen la esquina y se adentran por la oscura puerta del
                                    convento,
erguidos y austeros, cargando sobre su pecho tan pesada
                                    cruz.

Aún nos puede llenar de turbación la imagen que recuerdo.

DESTINO

Y
aunque
todo
parezca
predecible
he
de
seguir
imperturbable
en
pos
de
la
sorpresa.

LA NOCHE

Mis párpados
                        caen
como cortinas
                    del ocaso
llevándose todos
                    los colores
las texturas
                    y las formas.

Mis párpados me
                        arrastran
hacia un mar terrible
distante de mi piel
donde solo habitan
                        impalpables
los sueños.

Los sueños
                nada dejan
me traicionan
                    alevosos
dibujando otras vidas
                    a mi vida.

Y cada noche
                    endemoniada
suceden esos
                    raros excesos
sin poder apenas
                        evitarlo.

Deseo la noche única
                y definitiva
en la que no pueda
                    sino morir
bajo el fuego de otra piel
                    apasionada
que se funda por siempre
                    con la mía

sin párpados cerrados
                y sin sueños.

Panza, bonete, libro y cuajar:
el poeta rumia, como una vaca, versos.

Una mano escribe en la pizarra:

"El Imperialismo se derrumba.
El futuro pertenece por entero
al Socialismo".

Hace ya muchos años que la profesora descansa en paz.

dios es una navaja afilada en las manos de un niño
o
dios es un niño con una navaja afilada en las manos.

CLASES DE EQUITACIÓN

La vida
          como un caballo desbocado
                         azaroso y feliz.
Soltar las riendas:
               he ahí la clave.

Soy lo que he leído.

CEREMONIAL LITÚRGICO

Nos consumimos
        como cirios
                en el altar de nadie.

V. GOCE Y DESENGAÑO

«*Félix Anesio es a un tiempo un poeta durísimo y generoso. Nos entrega por igual el goce y el desengaño. Sus versos no dan asilo y, sin embargo, gravan en nuestros ojos errantes memorables instantes de belleza. Su voz es, qué duda cabe, la música de nuevos tiempos*».

Elí Urbina, poeta y escritor peruano.
Director de la revista y editorial Santa Rabia Poetry.

CIORÁNICAS

No hay otras verdades que las verdades poéticas.

Estamos condenados a la vida.

No somos más que historias mal contadas.

Guarda celosamente un poco de inmadurez
                                    para tu ancianidad.

El hombre es feliz en la breve eternidad del instante.

La inteligencia es un impedimento.

Un poema es un largo y doloroso alumbramiento.

Una sentencia incompleta tiene todo el encanto
                                    de lo humano.

Toda erudición es un exceso.

Nada es más ajeno a un poeta, que el triunfo.

Dejemos que el amor nos escriba.

Hay quienes han hecho del lamento un capital
                                    de sustanciosos réditos.

El prejuicio no cabe en la palabra del poeta.

Quien no ha conocido el hambre no ha conocido a Dios.

No sin estupor descubro que no tengo
                    casi nada que ver con casi nadie.

La juventud es un tesoro plagado de inocencia.

Feliz el autor que se expresa con toda la imperfección
                            de su propia naturaleza.

La palabra no cuenta, sí, el gesto.

Nos consumimos como cirios en el altar de nadie.

Nadie quiere trastocar, en este juego, los pasos.

Las madres saben todo de sus hijos;
                saben más que Dios mismo sabe de ellos.

Cada día muere con su propia gesta encima.

No soy quién para juzgarme a mí mismo.

¿No es acaso la bondad, la expresión más alta
                                de la inteligencia?

No hay terreno más fértil para la libertad
                        que el de la creación artística.

No todo poema tiene que ser grandilocuente.

> *¿Para quién canta un nido en mi costado?*
> ANTONIO GALA

Mi poesía es un canto desangrado
que brota de un corazón tardío y solitario.

Cercenados han sido mis miembros
superiores e inferiores, las uñas y el cabello
la vana impronta ante el espejo
la tos de las mañanas
            el apetito carnal
                    y la cordura.

Hoy, de todo he sido despojado.
Aun así, imperturbable, mi corazón late
hasta que se extinga en su final derrota
cuando ya no tenga nada que decir a nadie.

A veces siento
un arrebato de ternura
de darme todo entero
y sin ambages
como si fuera célibe
como si fuera virgen
y verter
sobre tu cuerpo
iluminado por el ímpetu
la simiente de todas
las castas de los hombres
que me habitan
y en legiones
ahora incontenibles
se desatan
          por estar
                    junto a ti.

LINAJE

Celebro haberte conocido.
Y he sido feliz al tropezarme
con piedras como vos
en este río discursivo que es la vida.

Antes ya vi algunas, no tantas, lo confieso.
Mas hoy te veo a ti, y si mañana parto
se ha de repetir la magia de estos raros encuentros
de la estirpe de piedra viva, a la cual pertenecemos
inexplicablemente.

EFFI'S SONG

No miréis sino sus manos
hacedoras de prodigios.
Miradlas repujando el cuero
tallando la recia madera
burilando insistente el metal
purificado al fuego de la fragua
haciendo dúctil lo imposible
y maleable y terso todo.

Sus manos descubren una forma
que quizás, hasta hoy, nunca existiera.
Desconocen la quietud, sus manos.

La pátina del tiempo es de los otros
el tiempo no transcurre mientras crea
y se le hace infinito en cada pieza.

Nos puede parecer una hechicera
o la imagen de una virgen laboriosa
postrada sobre el áspero cemento
que lacera su delicada piel, los huesos.

Se acerca el final de tantas horas
que ha perdido ya la cuenta.
Se detienen las manos laceradas
y le duelen,
             más el dolor no importa.

No es más que una mujer que implora
como la más humilde de las siervas.
Y no cree merecer aquellos frutos
que los dioses le conceden sin reparos.

Obra la gracia
en cada nueva epifanía.

TEMOR

Hay una herida que no cierra
Hay un corazón que aún late
Hay un hombre
Dentro de otro hombre
Que sólo habita en sueños
Y que teme despertar
Sin el amor
Sin ti.

En el borde

De todos los desiertos que habito
ninguno tan cruel
como el de la palma de mi mano.

Aridez surcada por gastados laberintos
que proclaman, de algún modo
                    que amé
                            que procreé
                                        que viví.

Hoy debo de contemplar imperturbable
esa fecunda aridez extendida hacia lo alto.

Hacia un cielo, ya sin nubes, que derrame
generoso la gota de lluvia necesaria
que permita cantar mi último verso.

En el borde de la palma de mi mano
yace un abismo insondable.

Hagamos caso omiso a la cordura, vieja amiga.
Deja abierto el ventanal para que los efluvios
de tu rosa inmaculada se derramen alevosos
sobre los parques, las aceras y las plazas.
Entre los inquietos transeúntes de la noche
habrá algún mancebo que en su viril instinto
se apreste a la copula salvaje,
sin cuentas ni reparos.

Para que así desgaje tu antigua flor
guardada ya por tanto tiempo
y que no mueras, vieja amiga,
sin haber conocido de la vida,
el violento arrebato, el dolor y el goce.

Negaciones

Porque todavía no habían entendido la Escritura...

Juan 20:9

Soy un hombre galileo.
judío y pescador de oficio,
al que no le es dado creer
en la resurrección.

No quiero pensar
en la vida póstuma,
pues me sería imposible
lidiar con lo inefable.

Soy, simplemente, un pescador
y mi nombre es Simón Pedro.

Soy hijo del miedo,
y mi espíritu ha sido
presa de la turbación.

Por mi inmanente cobardía
hube de negarlo tres veces
antes de que el gallo cantara.

Lo amé en vida como solo
un hombre puede ser amado
en esta tierra. Por su amor
caminé sobre las aguas a pesar
de mis dudas. Mas no puedo
concebirlo como un espectro.

Y ésta, hermanos míos,
es mi cuarta y última negación.

VI. TURBACIÓN & VIGILIA

«¿Qué sería de la poesía sin este estado de turbación? ¿Qué sería de la belleza si no estuviera en los lugares más inimaginables como la pobreza y la podredumbre del ser humano? ¿Qué sería de Baudelaire, de Poe, de Rimbaud, de Ingmar Bergman?

Lo dice el poeta Félix Anesio desde su atenta vigilia, que se confiesa creyente: siempre queda una luz de esperanza. Como William Carlos Williams, cree que aún en el infierno crece la flor del asfódelo».

Antonio Arroyo Silva, poeta español.
Premio Hispanoamericano de Poesía Juan Ramón Jiménez 2018.

Despedida del poeta maldito

Toda luna es atroz y todo sol amargo
A. Rimbaud

He visitado catedrales imponentes
donde la luz traspasa al sesgo los vitrales
y me he visto envuelto en esa magia
como ángel o demonio.

He visto el mar y conozco sus misterios.
He conocido espléndidas criaturas
que exploraron mi piel hasta el espanto
y me dieron amor; no les di nada.

He sentido el sudor en mis zapatos
viajeros y el gentil aroma de un jazmín;
el sabor del café en la madrugada
mientras el gallo canta siete veces.

El rumor ancestral de la muerte me corteja:
de ahora en lo adelante vagaré azaroso
sin brújula, ni mapa, ni destino propio;
los vientos seguiré, leve como una nube.
¡Véngase cuando quiera la parca!

CARNICERÍA

Zas, zas, zas...
¡Qué no te tiemble el pulso/
nada de sentimentalismos!

Colecta las grosuras e inmundicias
para quemar en el altar del dios pueblo;
cualquier cosa agradable al paladar del vulgo
como ofrenda expiatoria de holocausto.

Zas, zas, zas...

Lo fino, lo sublime, échalo a un lado.
Que no lo vea nadie, que en fin
no produce dividendos.

Contribuyamos a la nueva cultura
de estos tiempos, nada de finezas:
al pueblo pan y circo.

Que consuman el tropo mil veces reciclado
el retruécano insulso, lo metáfora manida/
en fin, el venal comercio de *ruidos usados*.

Zas, zas, zas...

No importa que tu albo traje de editor
se manche de tinta.

Luego lo lavas, así como se lavan las afrentas.

SEMBLANZA DEL PATRIARCA

Habito en el gesto esquivo de mi padre
en su rostro aguileño y su pupila gualda
                              de gaviotas
en todos sus miedos, cuitas y silencios.

Habito en sus cansados pasos
de tantas duras horas bajo el sol.

En sus manos callosas sobre el surco
de la gran cosecha (cornucopia) que
solo el estoicismo pudo hacer brotar
y que otros, quizá, llamaron milagro.

Oh tristes días de la prisión
que enfermaron sus huesos
y acunaron la neurosis de su creativo mundo
su impronta de sueños y fantasías sin cuento.

Yo he de vivir y morir a cada instante
esa extraña vida
que no conoció de agravios
que no traficó con perdones ni olvidos
y que me ha legado lo ignoto por herencia.

¡Ay de mí, sin esa vida y muerte
cotidiana de mi padre!

A Juan Gelman

Con el sudor de tu frente avejentada
        has de pagar la renta
        de una minúscula pieza
        "decentica"
        como corresponde
a un asalariado de estos tiempos
en el país más poderoso de la Tierra.

Para Alejandro Fonseca
In memoriam

Las flores de la primavera
visten las nieves del último invierno.

La fiel convergencia del día hacia el ocaso
y todas las fases de la encantada luna
anuncian la epifanía del próximo sol.

Una mujer gime su dolor.

El regocijo de la vendimia y el vino de la celebración.
Una nueva arruga que se asoma al espejo de tu rostro.

Las fotos que cuentan, otra vez, una historia de ancestros.
La extraña felicidad de un poeta que yace en una cama de
                                     hospital,
rodeado de amigos, ante el umbral de una muerte
                                     insospechada.

Un libro que se cierra como un *golpe en la sombra*
                                otro que se abre
y esta finita sucesión de versos.

Todo acontece en la esfera de un reloj sin números.

EL PACIENTE

Y ese sabor antiguo
a ajo en la garganta
y el ruido de la camilla
sobre el piso desnivelado
de un hospital de pobres
donde no se cura nadie.

Y volver en ti, otra vez,
luego del sopor inducido,
con las sienes calcinadas,
a los mismos temores de siempre.

Y enfrentar la vida ahora
con menos células corticales
bajo la prescripción facultativa
de no dejarte pensar
en el deseo abismal
de renunciar
a todo...

Mientras unos ojos
imploran
que te salves.

La mantuve prisionera en alguna postal antigua.
En las páginas macilentas de los libros ajenos.
Siempre estática, florecida, incomprensible y deslumbrante.
Nunca la conocí, verdaderamente. ¿O tal vez, sí?

Acaso estuve rodeado por ella todo el tiempo
acunado en ella, adormecido en ella.
Nunca creí que fuera un mero concepto geográfico
ni el rotar de la Tierra y de los Astros.

No conocí de sus fragancias ni colores.
De sus lloviznas que hacen germinar los prados
donde pacen las bestias noblemente.

Nunca toqué con mis dedos equinoccios
ni gusté de igualar los días y las noches
más pretendí recrearla en un *Allegro* de Vivaldi.

¿Por qué será tan extraña para mí, la primavera?

OTOÑO EN TENNESSEE

Two roads diverge in a yellow wood...
R. Frost

Imágenes de Oro y Fuego
            en mi memoria.

Y el vibrante recuerdo del aroma del viento.
De un camino sinuoso en la montaña.
Del sabor a vida de la leche más pura.
De este afán de ser indio para siempre.
De contemplarlo todo
            como un niño.

Y el canto del arroyuelo bajando
            apresurado
entre las piedras
            hacia este día de hoy
              donde solo anidan
                las ausencias.

Yace en mi mano la hoja de arce
            Oro y Fuego
antiguo atesorado en las páginas
de un álbum que evoca
estas memorias.

Sin advertir que para mí
            ya no habrá
              el otro otoño.

451

Arde la memoria en el patio de mi casa.

Sube el fuego avivado por el temprano aire,
por las páginas que una por una, o en montones,
lanzo hacia la hoguera
que pretende desafiar al *Tiempo*.

Este absurdo deshacerse de las cosas
de los libros amados en las aulas de ayer
            de libretas envejecidas
                de tantas páginas volteadas
                    con amor o desdén
a punta de dedo y de saliva.

Hoy dejarán de existir ya para siempre. Me voy.
Más digo mal, pasarán, quizá, al mejor de todos los
                                    archivos.

Ese que ya nadie pueda quitarme: el de la diáfana memoria,
y que ruego a Dios que me acompañe hasta el ocaso.

Como ofrenda fina de holocausto
hoy siento un olor a humo

                    todavía.

yo soy quien está junto al árbol talado...

PEDRO ASSEF

Has muerto, poeta,
pero has dejado una huella
a contrapelo del camino:
tu voz de cántaro gentil,
vasija rústica que escancio
cuando abruma la sed.

No mueras más de lo que has muerto.

VII. TESTIGOS

«*La poesía de Félix Anesio nos sumerge sin escafandra hasta ese "abismo insondable" donde habitamos y donde quizá sólo somos posibles porque desaparecemos. El poeta es testigo de ese misterio y nos saca a flote con su palabra para decirnos que hay otras maneras de estar y de permanecer en ese día a día lleno de enigmas, en ese "destino -que parece que- no es otro que partir" por lo "nunca antes transitado". Y, ciertamente, somos porque "partimos" para volver desde y por la palabra, nos dice Félix con su poesía, que también es culturalista y luminosa. En Altar de nadie (Antología personal, 2011-2021) también se convocan otras voces, otros yos que confluyen y que nos revelan eso que se esconde, pero que nos da sentido, ese querer ver lo invisible y que nos dice que "aunque / todo / parezca / predecible" hay que "seguir / imperturbable(s) / en / pos / de / la / sorpresa"*».

Nilton Santiago, poeta y escritor peruano
XV Premio Casa de América de Poesía Americana

La travesía del elefante

Quince millas y el cansancio del día/
me separan del acto programado.

Voy en busca de un célebre elefante que cruzara
los Alpes, a sabiendas o no, de su destino incierto.
Recorro el negro asfalto, encandilado por miles
de luces cegadoras, como luciérnagas hostiles,
hacia el lejano centro de la ciudad sin centro,
que solo percibo como una aldea grande y nada más.

Llego al sitio elegante y en extremo iluminado
(sin dudas, hubiera preferido la penumbra).
Un mujer, o dos, me reciben con sonrisas afables
hechas o previstas, que no logro asimilar del todo.

Hiere el taconeo de señoras perfumadas en exceso,
que también han ido *a ver y leer* al triste elefante
que cruzó los Alpes, porque un hombre así lo quiso
            —y ese hombre ya está muerto—
para inmortalizarlo a su (dis)gusto, ya sin cuento.

Más allá está la viuda, hierática, con un aire de nobleza,
como una *prima ballerina* acechada por admiradores
complacientes; pero ella luce serena, no se inmuta,
se voltea cortés y me sonríe como si intuyera
las motivaciones de mi vaga presencia.

Lleva en sus brazos un libro repleto de elefantes
        (no sé cómo puede ella con tantos).

Es un libro de lúdica apariencia y quizás lo sea:

Solo Dios sabe, a primera vista, de estas cosas.

De uno de esos libros de antes, de hoy, o de mañana
de trompas y patas de elefantes recortadas con tijeras,
de palabras cortadas al sesgo, entrelazadas, fundidas,
adosadas, esculpidas con las manos y el auxilio
de tecnologías ultramodernas, que nunca se equiparan.

Siempre llegamos a donde nos esperan..., susurra alguien.

El artista visual, enfático y teórico, intenta convencer
al auditorio de la gran importancia de su arte. Dudo, luego
                    descreo:
Un elefante ya inmortalizado no requiere de énfasis mayores.

El escritor (que ya ha muerto hace dos años, repito) tiene
un premio en Estocolmo, ciudad que nunca he visitado:

No me gusta la nieve, ni en mis sueños la sueño;
la nieve es para mí, sencillamente, un imposible.

El libro pesa tanto como un elefante real de carne y láminas
de huesos colosales, de piel y de palabras.
Aunque el precio, en dólares, no resulta desmedido
me apropio de él, para leerlo un día en que la vorágine
de esta aldea grande, me conceda el tiempo para ver y leer
elefantes cruzando montañas nevadas
            aunque aquí no haya montañas
            aunque ya no las recuerde
            y se hayan borrado de mi mente
y este libro me ayude, de algún modo, a rescatarlas.

El viaje de regreso a casa es menos apresurado/
        los regresos se toman con más calma.

Sobre el asiento del pasajero yace el libro hermoso
que ojeo mientras cruzo las negras llanuras,
los amplios yerbazales y pantanos de Miami;
libro que lo fino de un alma escribiera/
        (y que otra mano sagaz luego ilustrara).

Lo coloco sobre la mesa de noche, así, decorativamente.
Y pienso que un día pueda ya leer a Saramago,
porque siempre llegamos, de algún modo/
                al lugar donde nos esperan.

A Pilar, viuda de José.

Mañana será otro día bajo el sol. Tendré que depositar la simiente en los surcos, para hacerla germinar. Tiempo adecuado para lograr una cosecha. Es la noche de luna en cuarto menguante y el cuerpo de la tierra no espera. Caigo rendido sobre el lecho y sueño
aguaceros torrenciales; escucho
gritos de auxilio desesperados, como si alguien naufragara en medio de un océano de color rojo sangre. Los goterones sobre el techo me despiertan, parecen pedradas o una lluvia de granizos gigantescos. Doy vueltas y vueltas y más vueltas. Una voz de mujer clama por ayuda, gime desesperada. Me desvelo.

Ahora es el graznido de los cuervos salvajes
                                    sobre el caballete
de la casa. Parece que van a derrumbarlo todo, como tantas otras veces. Pero anoche hubo luna menguante y hay que hacer la labor del día. *Carpe diem.* Sólo bebo un poco de café frío de la víspera o del día anterior, eso no importa. Desde el portal miro hacia el terreno en toda su largura. ¡Oh, no se ven los surcos preparados desde ayer!
                                    Están anegados
en agua del color de la sangre fresca de los mártires.
Lo cubre todo hasta donde alcanza la vista. Pero hay que plantar la simiente con premura.

Labor delicada, minuciosa y precisa sobre cada surco, cada vena, cada arteria de esta tierra mía que comienza a drenar, como si un inmenso y silencioso

                           corazón acompasado
la devolviera a la vida, a su sino, a su razón. Fluye con
sosiego el espeso líquido y afloran, poco a poco, los surcos
de la tierra agradecida. El cansancio no importa. Hay que
seguir. Hay que esparcir las innumerables semillas como
estrellas. No todas van a germinar; eso se sabe,

                                    mas no importa.

   Una nueva puesta de sol comienza a mis espaldas ya de
regreso a casa. Los cuervos salvajes no están posados sobre
el caballete. Habrán volado lejos. Me dejarán descansar: no
habrá graznidos, ni granizos, ni gritos desesperados de mujer.

   Calma. El sueño vencerá al cansancio. No más vigilia.
         Esta noche no soñaré, no debo.

Allegro ma non troppo. Un péndulo invertido marca

rigurosamente

el *tempo*. Tres claves y siete figuras edifican
todo un universo sonoro sobre el papel pautado. Cinco líneas
y cuatro espacios acunan millares de notas (redondas,
blancas, negras, corcheas, semicorcheas, fusas y semifusas)
como estrellas suspendidas sobre el firmamento. Cada nota
deriva de la otra en progresión geométrica como si fuera el
milagro de los panes y los peces, en una inagotable sucesión
de arreglos, bajo la delicada égida de Euterpe. Compases
simples y compases compuestos. Meras fracciones
binarias, terciarias y cuaternarias para cada pieza: compases
de 4/4 (o compasillo, para desgarrarse con toda la melancolía
de un blues), de 3/4 (y poder valsear sobre las olas
de un célebre río), de 6/8 (al caminar por las azules calles
de mi pueblo silvando el *Hallelujah*, de Cohen). Todo un
complejo entramado para crear un arte, en el que se hace
indispensable el silencio.

Visión de una vieja en harapos

> *Se extingue la bondad en los jardines privados*
> A. Fonseca

Deja a los otros los trajines del Tiempo
y los vanos afanes que a nadie justifican
los desvelos de la víspera, los autos de lujo
las sábanas de 700 hilos, los triviales perfumes
el confort del baño y el desayuno puntual
las acolchadas pantuflas, las envilecidas marcas
y el altivo decir: Esto es lo mío y lo otro también.
La apropiación no se hizo para ella.

Bástale haber hallado un pedazo de papel mugroso
y una pluma abandonada en un basurero de un Banco
como si fueran un tesoro: el espejo de una fuente
de la que han de brotar sus versos desmedidos
su poema vital que quizás nadie entienda.

Mas eso no le importa, si es el fruto desollado
de largas horas bajo el sol, bajo la lluvia y la ventisca
en una parada del ómnibus que nunca ha de tomar
en una esquina cualquiera y decadente.

En una esquina del suroeste de Miami,
                              bajo una sombrilla rota
—como único refugio del espíritu— brota la poesía
como un manantial enajenado, entre la turbulencia del
                                                    tráfico
la contaminación, el reverberante asfalto, las luces de los
                                            semáforos
que rigen la premura de los otros, las miradas esquivas de
                                            los otros

de esos que, como yo, pretenden ignorar a una vieja
                                          harapienta
que nos ofrece, como espléndido regalo, su vida en
                                          esencias
con todo el fervor de los ungidos.

CONGREGACIÓN

Y así
de tiempo en tiempo
tropezamos
con los amigos de antaño
los de siempre
los indispensables
como se encuentran
las piedras de los ríos
y en el mar se junta
la arena innumerable.

SOLO

A mí solo me resta la paciencia
y en ella vivo, a la espera vivo
a la ingrata sombra
de su luz expuesto.

Ay del pobre amor compartido y vulnerable.

El desamor es mi eterna compañía.
Mi cotidianidad de no ser
                    de no ser más que eso:
                                        nada.

A Bruno Schulz

I

Ayer me vi inmerso en una espesa
trama de cuerpos moribundos
en un edificio sórdido y gris
al pie del Callejón de los Vencidos.

Gente cansada, coja
los bastones y las muletas sonando
el cáncer al acecho por su turno
el asma, y también el lumbago
en este largo tren que abordo
y que no parece llegar nunca a su destino.

30, 31, 32...
A cada alma un número
en larga letanía de cifras y de horas
como gotas de una inmensa clepsidra.

El hedor de la piel y de los huesos
las muecas, las grotescas máscaras de dios
talladas por el tiempo:
vi a Dora Maar en una esquina
a Vincent desorejado en la otra
a Cervantes con su mano sola
a Rosa Parks
al reverendo King
y cuanto negro menesteroso abunda en el paraje.

En verdad, no recuerdo haber visto a un solo judío.

Las axilas, los pubis y las piernas lampiñas
las varices en las narices hinchadas
piernas mustias que han gastado millas
bajo el sol, la lluvia o la nieve de otros sitios
y de éste ahora donde estoy confinado.
El ruido de mi mano temblorosa me delata.

32....
¡Última llamada al 32!
¡Qué le dirán al 32, pobre!
Que está muy cerca de la no existencia
en el edificio gris y con insignia
donde la Señora del Cárdigan Gris
juega a ser una sacerdotisa
que encubre sus propias miserias
desde una teatral pose de mando
conferida por el gobierno
para el cual trabaja en su desidia
hastiada en el fondo, de sí misma
de su papel de capo, de juez y de sicario
detrás de unos gruesos cristales
que la protegen de la ira
de una imposible toma de su propia Bastilla
de la mansedumbre enajenada de los otros
ánimas que se mueven en este tren gris
salido de un filme de Munch
visto en una abrumadora soledad desesperada
hace ya muchos años... ¡Cuántos años, Dios mío!

33, 33, 33, ¡por última vez, el 33!
Es mi detestable número.

Desconcertados rostros que miran
pantallas de televisión en circuito cerrado
exhibiendo otros rostros felices y seguros
mientras afuera los cocodrilos afilan las fauces
con sus lenguas límbicas, que han de cercenar
toda la carroña en El Callejón de los Vencidos.

Los húmeros artríticos, las gargantas roncas
párpados caídos sobre pupilas que ya no reflejan
ni un destello de una ilusoria felicidad pasada.

Hoy todo es duramente real.
¡Es la Vida y qué se le va a hacer!
                    Es la Ley.
¿De qué sirve contradecirla?
            ¡Es el Destino!
Dicta la funcionaria del cárdigan gris
con olor a naftalina y a una insultante fragancia
desconocida al otro lado de la ventanilla.
Un mustio clavel rojo carmesí pende de la solapa.

¡Hagan silencio! ¡Hagan silencio!

Acaso no distingue la laxitud del que espera lo peor
del que sigue acoquinado en este tren de seres moribundos
que ya nada desean, sino quizás, el mendrugo que les
                                            alargue
el viaje que pronto ha de tener un final definitivo
ése que llega con el alivio de la muerte
ya también hastiada por la oficial demora.

Si, señora capo, señora del Cárdigan gris con insignia
y clavel en la solapa, que fija los límite del *Bien* y del *Mal*.

Cómo se atreve a dictaminar que no soy todavía un miserable
que poseo unos dólares para comer y que debo bajarme
ya de este tren en marcha hacia la nada.

¡Gracias por venir, señor; que tenga usted buen día!
¡No hay apelación, señor! A qué preocuparse
sí está usted libre *bajo parole* digamos por un año, al menos.
¡Eso sí! No deje de venir usted
dentro de un año en que seguramente será declarado
                                        incompetente
inútil, inservible, miserable de toda solemnidad
más cercano a su destino natural, la inexistencia.

II

Lo sabrá por una citación a vuelta de correos
en sobre amarillo con el sello de la insignia
y por sus dolores crónicos y por su cojera atroz
                                por su hediondez
por sus magros alimentos sintéticos y transgénicos
que quizás entonces ya no pueda asimilar del todo
porque ya sabe, señor...

Por un instante vi alzarse en mi mano
                        el hacha de *Raskolnikov*
.

¡No me distraiga!
¡Usted es inteligente, señor!
¿No dice que es poeta?
El tiempo oficial es limitado, no insista con preguntas.
¡Hasta la vuelta, señor, que yo lo espero aquí
en la ventanilla de la desesperanza, de los desvalidos

de los sordos, los ciegos y los locos, los dolidos y
dolientes!

III

Yo seguiré aquí investida
con mi cárdigan gris para decirle cuándo
su existencia amerite ser declarada oficialmente gris
Usted es viejo conforme a la Ley, al Orden y al Progreso
abandone toda esperanza
su vida absurda no es más que una falacia.

34, 35, 36, ad infinitum.
Se escucha una voz de mando:
¡Nest, nest, nest!
¿Cómo que nido,
cómo que casa,
cómo que hogar...?
¡Qué lengua rara habla el alienado custodio!
Diga, next, next, next, correctamente
tenga al menos el decoro
de exhibir su nueva lengua de adopción
¿O es que no ha tenido tiempo de aplicarse?

¡Silencio, silencio, silencio!
Silence, silence, silence...
¿Será que este hombrecito rudimentario
puede acaso escuchar mis pensamientos?
¿Se habrá percatado que desde niño detesto las insignias
y el horror que me producen los uniformes y las armas?

¡Hasta el próximo año de *Nuestro Señor*, poeta!

Salgo trastabillando entre sillas de rueda,
muletas bastones bocas resecas
órbitas descejadas, ya sin lágrimas.

IV

Y de repente la patética visión de una niña
de bucles negros y piel aceitunada
que persigue a su madre manca y maloliente
por los pasillos del pesado tren en marcha
que no se acaba nunca...

37, 38, 39...
La cuenta es infinita.

Lentamente, salgo al *Callejón de los Vencidos*...

Los saurios yacen con las fauces entreabiertas
despreciativos, mirando alevosamente hacia otro lado.

¡Usted no, señor, todavía no! Parecen decir.
¡No ve que usted no es quien decide,
                    ni gobierna nuestras fauces!

    Silencio.

El pistoletazo no se hizo esperar, sobre la sien, la víspera

Félix Anesio (Guantánamo, Cuba, 1950) Ingeniero de profesión. Ha publicado los libros de relatos *Crónicas aldeanas* y su versión en inglés *A Tale of Two Villages*, Voces de Hoy, 2011-2012 y los poemarios *La cosecha* (Entre Líneas, EE.UU. 2103), *El ojo de la gaviota* (Betania y Entre Líneas, España 2016), *Los cuervos y la infamia*, (Betania y Entre Líneas 2018) y *País sin moscas y otros poemas* (Primigenios, EE. UU. 2020).

Sus poemas aparecen en las antologías: *Bojeo a la isla infinita*, Betania, España y Entre Líneas, EE.UU.2013; *Puede parecer un bosque*, La Insula Barataria, Cuba 2014; *Antología Poetas del siglo XXI*, Ed. Fernando Sabido, España; *Balseros*, Entre Líneas, 2015, *La isla invertebrada*, Capiro, Cuba, 2018, *Archivos Guantanameros*, Edit. Exodus, 2018, EE.UU., *La Habana convida*, Primigenios, 2019, *La floresta interminable*, Artes Miami, 2020 y *Piedra sobre Piedra*, El arco y la flecha Editores EE.UU., entre otras. Ha obtenido dos premios editoriales Carmenluisa Pinto en narrativa y poesía, así como la Distinción Pluma de Plata. Obtuvo el Florida Book Awards 2018. Aparece reseñado en el *Diccionario de escritores guantanameros*, Ed. El Mar y la Montaña, 2016, Cuba.

Sus poemas han sido publicados en reconocidas revistas literarias como: *Crear en Salamanca*, España, *Altazor*, Chile, *Linden Lane Magazine*, EEUU, *Nagari y Conexos* EE.UU., *El Caimán Barbudo*, Cuba, *Casa Bukowski Internacional*, Chile, *Otro Lunes*, Alemania, *Hiedra*, México, *Santa Rabia*, Perú, entre otras.

CONTENIDO

WWW.OXEDA.COM.MX

***

Se cuenta que el rey poeta Nezahualcóyotl dijo:
‹‹Dejemos al menos flores, dejemos al menos cantos››
Este libro se terminó de editar en marzo de 2022 en Ayapango-Amecameca, México.